5/01

BRAQUIOSAURIO

por Janet Riehecky
ilustraciones de Jim Conaway

THE CHILD'S WORLD

MANKATO, MN

Con el más sincero agradecimiento a Bret S. Beall, Coordinador de los Servicios de Conservación para el Departamento de Geología, Museo de Historia Natural, Chicago, Illinois, quien revisó este libro para garantizar su exactitud.

Library of Congress Cataloging-In-Publication Data
Riehecky, Janet, 1953-
[Brachiosaurus. Spanish]
Braquiosaurio / por Janet Riehecky;
ilustraciones de Jim Conaway.
p. cm.
ISBN 1-56766-135-1
1. Brachiosaurus--Juvenile literature.
[1. Brachiosaurus. 2. Dinosaurs. 3. Spanish language materials.]
I. Conaway, James, 1944- ill. II. Title.
QE862.S3R53218   1994
567.9'7-dc20   93-46848

BRAQUIOSAURIO

Hace millones de años la tierra resonaba con el ruido de pies gigantescos. Era el sonido de dinosaurios en marcha.

La mayoría de los dinosaurios eran unos seres enormes.

Casi todos eran más grandes que un hombre.

La mayoría eran incluso más grandes que un elefante.

Muchos eran tan grandes como un autobús
escolar…

y unos pocos eran tan grandes como una casa. Los
dinosaurios más grandes eran los animales terrestres
más grandes que han vivido jamás.

Uno de los dinosaurios más grandes se llamaba
braquiosaurio. Este ser enorme se alzaba unos trece
metros de alto. Si hubiera vivido en la actualidad,
podría haber mirado en el interior de una ventana del
cuarto piso de un edificio. Medía de veintidós metros
y medio a veinticinco metros y medio de largo, que es
el doble de lo que mide un autobús escolar. Y pesaba
unas ochenta y cinco toneladas, que es más de lo que
pesan juntos doce elefantes. Solamente el antebrazo de
este animal medía unos dos metros de largo y pesaba
casi doscientos veinticinco kilos. Ese hueso por sí solo
¡era más grande que muchas personas!

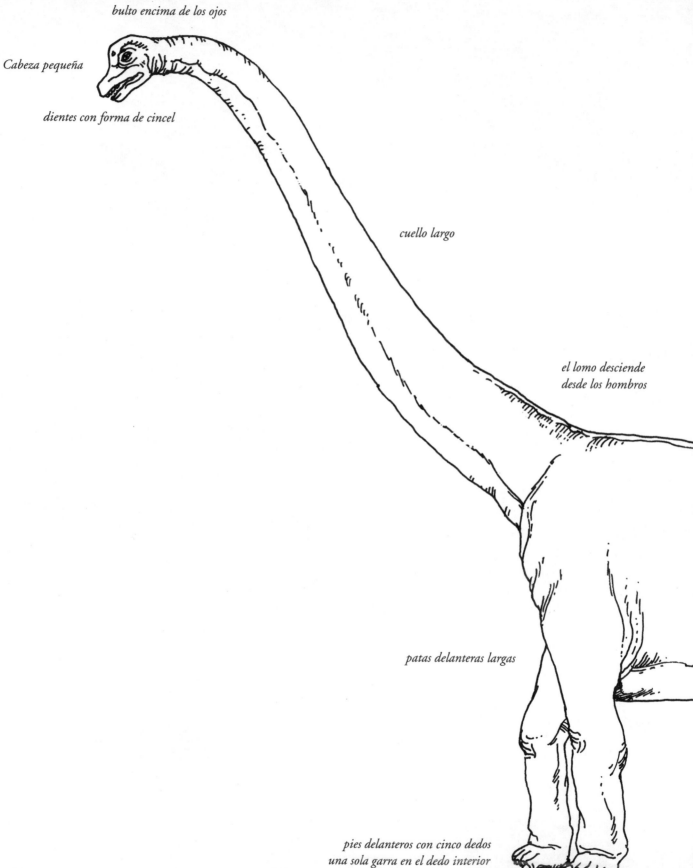

bulto encima de los ojos

Cabeza pequeña

dientes con forma de cincel

cuello largo

el lomo desciende
desde los hombros

patas delanteras largas

pies delanteros con cinco dedos
una sola garra en el dedo interior

Braquiosaurio quiere decir "lagarto con brazos".
Se le dio ese nombre porque sus patas delanteras (o
brazos) eran más largas que las patas traseras. Los
braquiosaurios y sus parientes son los únicos
dinosaurios cuyas patas delanteras son más largas que
las traseras.

Debido a estas patas delanteras largas, el lomo del
braquiosaurio descendía desde los hombros hasta la
cola. Se parecía en cierto modo a una jirafa gorda con
una cola larga. Sobre los hombros tenía un cuello
larguísimo. Solamente el cuello medía ocho metros y
medio de largo, ¡tan largo como un poste pequeño de
bandera!

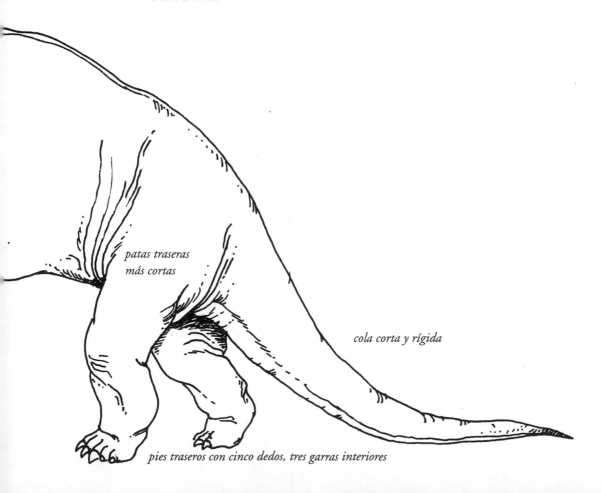

patas traseras
más cortas

cola corta y rígida

pies traseros con cinco dedos, tres garras interiores

La cabeza del braquiosaurio era muy pequeña para un animal tan grande. Tenía las mandíbulas pequeñas pero fuertes, y estaban llenas de dientes afilados, en forma de cincel.

Encima de los ojos, el braquiosaurio tenía un bulto grande que era la nariz. Quizás te parezca extraño, pero al braquiosaurio eso le resultaba muy útil. Con su nariz tan arriba, el braquiosaurio podía tragar y respirar al mismo tiempo, y por lo tanto no tenía que dejar de comer ni siquiera para respirar.

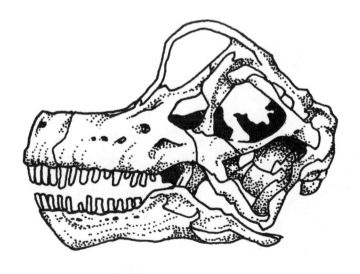

Y ese ser tan enorme necesitaba comer mucho.
Los científicos piensan que el braquiosaurio se pasaba
la mayor parte del tiempo comiendo, comiendo y
comiendo. Era un animal herbívoro y sus alimentos
preferidos eran probablemente las hojas y las pinochas

de las copas de los árboles. Algunos científicos piensan
que la razón por la que el braquiosaurio era tan
grande era para comer las hojas que los demás
dinosaurios no podían alcanzar.

Los braquiosaurios probablemente viajaban en manadas, comiendo todo lo que se encontraban en el camino. Se movían despacio por el campo manteniendo la cola rígida detrás de ellos. Si se encontraban con un arroyo o un lago en el camino, los braquiosaurios lo vadeaban. Pero a los braquiosaurios probablemente no les gustaba mucho el agua. Con sus pies pequeños y su gran peso hubiera resultado muy fácil quedarse inmovilizado en el barro.

Cuando los braquiosaurios viajaban, solamente recorrían unos tres kilómetros por hora, pero eso no les importaba porque iban donde querían (¡quién les iba a obstruir el camino!), y no tenían ninguna prisa en llegar a ningún sitio. Con tal de que hubiera plantas cerca, los braquiosaurios tenían todo lo que querían.

Los braquiosaurios ni siquiera necesitaban tener
miedo de los dinosaurios carnívoros. Había algunos
carnívoros fieros, tales como el alosaurio, que vivían
durante la misma época. Pero el braquiosaurio era más

del doble de grande que el más grande de los
alosaurios. Por esa razón si otro dinosaurio trataba de
molestar al braquiosaurio, todo lo que éste tenía que
hacer era amenazarlos con su peso y su tamaño.

Los científicos no saben cómo nacían las crías del braquiosaurio, si ponían huevos, o si daban a luz a sus crías. Pero los científicos piensan que el braquiosaurio cuidaba a sus crías después de nacer.

Algunos científicos piensan que los braquiosaurios tenían una "guardería" cerca del lugar donde pastaba la manada. Es probable que hubiera cerca muchas plantas y agua dulce. En esta guardería, las crías tenían un sitio seguro para jugar y crecer. ¡Y la verdad es que crecían mucho! Imagínate cómo temblaría el suelo con docenas de crías de braquiosaurio saltando, corriendo y peleando.

Los braquiosaurios adultos probablemente cuidaban de las crías en la guardería. Las protegían frente a los dinosaurios carnívoros y probablemente masticaban hojas y pinochas para ablandar la comida antes de dársela a las crías.

Cuando las crías habían crecido bastante como
para cuidar de sí mismas, se reunían con la manada.
Los braquiosaurios más pequeños probablemente
viajaban en el centro de la manada, protegidos a su

alrededor por los adultos enormes. ¡No hay guardaes-
paldas mejor que un braquiosaurio que pesa ochenta y
cinco toneladas!

Es posible que el braquiosaurio fuese el dinosaurio más grande que ha vivido jamás, pero los científicos no lo saben con seguridad. Se han descubierto unos pocos huesos de dinosaurios diferentes que pueden haber sido todavía más grandes.

A uno de esos dinosaurios descubiertos recientemente se le ha llamado Supersaurio. Este dinosaurio tiene una paletilla que mide dos metros y medio de largo. El hueso más largo del cuello mide un metro y medio. Desgraciadamente los científicos no han encontrado bastantes huesos de Supersaurio como para saber mucho más sobre este ser. Sin embargo, piensan que un animal que tuviera esos huesos tan largos habría medido unos dieciséis metros de alto y entre veinticuatro y treinta metros de largo.

Algunos años después de descubrir el Supersaurio, los científicos descubrieron el Ultrasaurio. Éste tenía una paletilla que medía casi tres metros de largo, y sus huesos parecen indicar que era tan alto como un edificio de seis pisos. Pero tampoco se han encontrado bastantes huesos para saber con seguridad qué tipo de dinosaurio era, pero esta vez los científicos pensaban que probablemente era un pariente del braquiosaurio.

Los científicos pensaban que no era posible que existiera un dinosaurio más grande que el Ultrasaurio, pero a los pocos años de descubrir el Ultrasaurio, se encontraron unos huesos gigantescos, que indican la existencia de un dinosaurio todavía más grande. Los científicos le dieron a este nuevo dinosaurio el apodo "Seismosaurio" que quiere decir "lagarto terremoto".

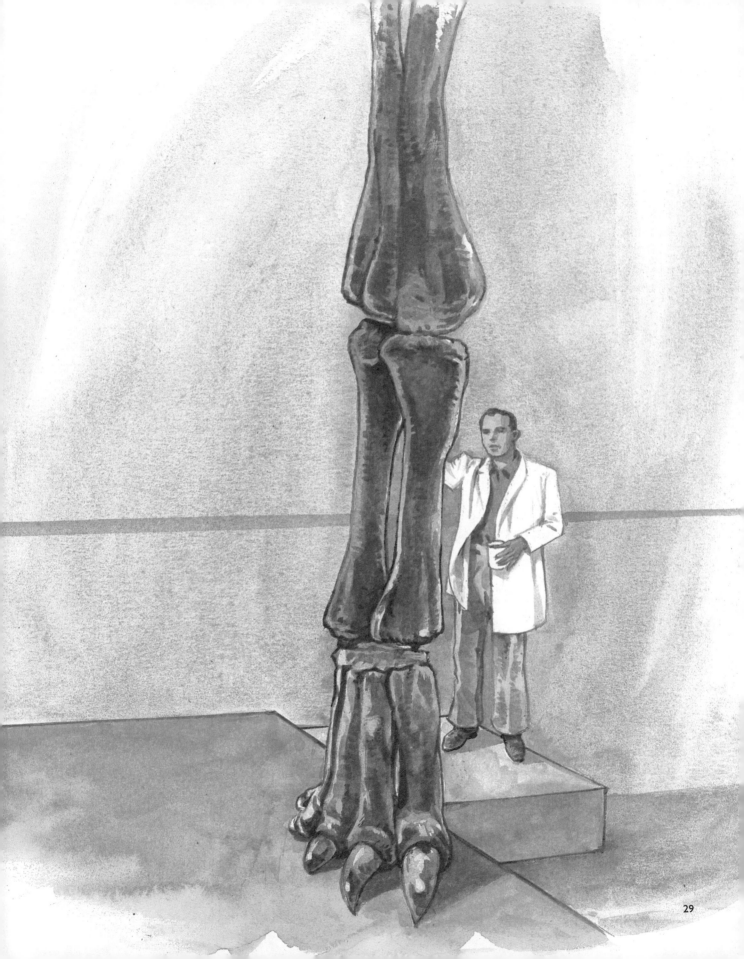

Los reptiles continúan creciendo a lo largo de toda su vida, a diferencia de los mamíferos que dejan de crecer una vez que se hacen adultos. Por esa razón, aunque a los científicos les resulta muy difícil decir mucho sobre los nuevos dinosaurios que han descubierto, piensan que su tamaño enorme indica que vivieron muchos años, ¡quizás hasta unos doscientos años! Si un braquiosaurio hubiera vivido aún más años, ¡quién sabe qué tamaño habría alcanzado!

Los científicos están tratando de aprender más sobre estos dinosaurios gigantescos. Si continúan explorando, quizás algún día descubran dinosaurios todavía más grandes. ¡Es posible que descubran a un Super-ultra-seismosaurio!

¡A divertirse con los dinosaurios!

Los científicos no solamente se interesan por el aspecto que tenían los dinosaurios, sino que también quieren saber qué aspecto tenía el mundo en el que vivían. Por ejemplo, ¿qué tipos de plantas había para que se alimentara el braquiosaurio? Los científicos aprenden estas cosas estudiando fósiles. A veces algunas plantas quedaban aplastadas en el barro, dejando una impresión. Después de muchos años, el barro se secaba y se volvía piedra. Las impresiones de las plantas quedaban preservadas en la piedra como fósiles.

Tú puedes hacer tu propio "fósil" de plantas. Para ello vas a necesitar:
– arcilla de modelar (del tipo que se endurece)
– una pocas hojas que creas que van a dejar una buena impresión
1. Aplana la arcilla de modelar.
2. Coloca una hoja plana en la arcilla, con las venas hacia abajo.
3. Presiona toda la hoja en la arcilla.
4. Retira la hoja. ¿Ha dejado una impresión en la arcilla? Deja que la arcilla se endurezca. Repite los mismos pasos con las demás hojas.